W0411260

Jan Vering

Zeugen zur Sache

Hänssler-Verlag
Neuhausen-Stuttgart

CIP-Kurztitelaufnahme der Deutschen Bibliothek

Vering, Jan:
Zeugen zur Sache / Jan Vering. – Neuhausen-Stuttgart:
Hänssler, 1981
(TELOS-Bücher; 5030: TELOS-Sondertaschenbuch)
NE: GT
ISBN 3-7751-0592-1

TELOS-Sondertaschenbuch Nr. 5030
© 1981 by Hänssler-Verlag, Neuhausen-Stuttgart
Umschlaggestaltung: Daniel Dolmetsch
Zeichnungen: Margret Knoop-Schellbach
Gesamtherstellung: Ebner Ulm

Inhalt

Warum dieses Büchlein (Anstatt eines Vorwortes)

Jan Vering ist Sänger mit Leib und Seele: Seit mehr als 10 Jahren gibt er seine Konzerte in Jazzklubs und Jugendzentren, Kirchen und Kulturhäusern, Gymnasien und Gefängnissen; einem großen Publikum ist er durch Rundfunk- und Schallplattenaufnahmen bekannt geworden; Tourneen führten ihn ebenso nach Spanien und Griechenland wie nach Schottland oder in die skandinavischen Hauptstädte.

Von Anfang an gab Jan Vering seinen Veranstaltungen eine besondere Form, indem er in den Mittelpunkt jedes Konzertes einen »Predigt-Song« stellt; meistens einen alten Spiritual, durch den der Sänger im Wechsel von gesprochenem und gesungenem Wort eine biblische Situation oder Person »erzählt«; Beispiele dafür sind »Were you there« auf der Live-LP »Shout for joy«, der die Passion Jesu zum Thema hat, oder die Geschichte des blinden Bettlers Bartimäus im Folksong »All my trials« auf dem Doppelalbum »Jan Vering & Freunde – wieder live«.

Vielen, vor allem jungen Zuhörern, ist diese Form eine Hilfe, die brennende Aktualität des Evangeliums neu zu begreifen und sich damit auseinanderzusetzen. Allein darum geht es dem Gospelsänger. In einem Rundfunkinterview für einen schweizer Sender formulierte er einmal seine Motivation folgendermaßen: »Ich möchte bei meinen Zuhörern inneren Platz schaffen zum unverkrampften und ehrlichen Nachdenken über Gott.«

Ende 1979 begann Jan Vering auf Einladung von

Jürgen Werth, Leiter der »jungen welle« beim Evangeliumsrundfunk Wetzlar, mit einer monatlichen Sendereihe unter dem Thema »Zeugen zur Sache«, die ursprünglich für ein Jahr geplant war. In dieser Sendereihe führte er genau das fort, was in seinen Konzerten prägend ist; und seine schlichte Art des biblischen Erzählens fand so gute Resonanz, daß die Sendereihe um ein weiteres Jahr verlängert wurde.

Hier liegen nun fünf dieser Sendungen in Buchform vor und man spürt deutlich: Auch in dieser Form bleiben es Erzählungen, bestens geeignet zum Vorlesen; auf Wunsch von Jan Vering zeichnete die bekannte Kieler Malerin und Gestalterin Margret Knoop-Schellbach zu jeder Episode eine zentrale Szene.

So werden beide, Jan Vering und Margret Knoop-Schellbach, selber zu Zeugen der Sache, die den Mittelpunkt ihres persönlichen und künstlerischen Lebens bestimmt: der wunderbaren Nachricht, daß Gott zu Menschen kam, damit Menschen zu Gott kommen können!

Dr. Friedhelm Heer, Basel

H. KNOOP

Zeugen zur Sache: Lazarus

Ein Mann namens Lazarus lebte in einem kleinen Dörfchen nahe bei Jerusalem. Bethanien hieß das Nest, praktisch ein Vorort von Jerusalem.

Lazarus wohnte hier zusammen mit seinen beiden Schwestern Martha und Maria. Sie führten einen gemeinsamen Haushalt, und wahrscheinlich kamen sie ganz gut miteinander aus.

Eigentlich wäre nichts Herausragendes zu berichten über diese kleine Lebensgemeinschaft, und wir wüßten wohl auch gar nichts über sie, wenn diese drei nicht befreundet gewesen wären mit einem der aufregendsten und umstrittensten Menschen im damaligen Israel: mit Jesus aus Nazareth.

Jesus war ihr Freund; und das bedeutet, er war mit ihnen persönlich verbunden, nahm Anteil an ihrem Leben und war interessiert an dem, was sie bewegte. Freundschaft ist ja eines der wirklich großen und wichtigen Worte; es wiegt viel mehr als Kameradschaft oder Kumpanei; reicht erheblich weiter als Interessengemeinschaft oder Kollegialität.

Im 15. Kapitel des Johannesevangeliums lesen wir, was Jesus selbst unter Freundschaft versteht. Er spricht dort zu seinen Jüngern und Mitarbeitern: »Ich habe euch meine Freunde genannt, weil ich alles, was ich von meinem Vater gehört habe, euch weitergegeben habe.« Darum geht es: Mit dem anderen das teilen, was einem selbst kostbar und wichtig ist, sich dem anderen öffnen und für ihn offen sein; füreinander in Liebe dasein, in Liebe verpflichtet sein.

Solche Freundschaft zeigt sich nicht in klingenden Worten und hochtrabenden Definitionen, sondern in den ganz praktischen Alltagsdingen. Oft auch in Not- und Verzweiflungssituationen, eben da, wo einer das Da-Sein, das Mittragen des anderen dringend braucht.

Jesus war befreundet mit Martha, Maria und Lazarus. Und diese Freundschaft bewies sich in der größten aller Krisen, diese Freundschaft bewies sich im Tod.

Nun wird uns im 11. Kapitel des Johannesevangeliums berichtet, wie sich großes Leid im Hause der drei Geschwister ausbreitet. Lazarus wird schwer krank, und über dem Zusammenleben der drei Geschwister breiten sich die Sorgen um den Bruder wie schwarze Wolken aus. Nichts ist so wie früher, keine Mahlzeit mehr unbeschwert und heiter, kein Gespräch mehr locker oder ausgelassen, immer wieder drängt sich die Frage um die Gesundung von Lazarus in den Vordergrund.

Damals war es ja noch nicht so, daß man Krankheit oder Tod gewissermaßen »abschieben« konnte in Krankenhäuser oder Altersheime. Da wurde Not und Angst in der eigenen Familie erlebt und ertragen, da wurde Krankheit häufig zur Existenzfrage. Denn wer sollte nun die Arbeit tun, wer das Geld für den Lebensunterhalt verdienen? Da gab es keinen Sozialstaat, keinen Versicherungsapparat im Hintergrund.

Johannes berichtet uns, daß die beiden Schwestern in ihrer Not an Jesus dachten. Sie schickten einen Boten zu ihm, mehrere Tagesreisen weit, und ließen ihm ausrichten: »Herr, der, den du lieb hast, der ist krank. Bitte komm! Du hast so vielen Kranken helfen können, hilf doch jetzt auch deinem Freund Lazarus!«

Aber seltsamerweise geht Jesus nicht sofort los. Er bleibt noch zwei volle Tage an dem Ort, wo ihn der

Hilferuf aus Bethanien erreicht hat. Dann sagt er zu seinen Jüngern: »Wir wollen wieder nach Judäa ziehen.« Aber er war doch gerade erst aus Jerusalem geflohen, wo die Pharisäer und Schriftgelehrten ihn verhaften wollten, weil seine Botschaft und sein Handeln für ihre engen und selbstgerechten religiösen Vorstellungen gefährlich zu werden schienen. Und nun will er nach Bethanien, das nur drei Kilometer von Jerusalem entfernt ist! Die Jünger, die bei ihm waren, raten ihm energisch ab. Aber als Jesus bei seinem Entschluß bleibt, sagt einer von ihnen, nämlich Thomas: »Gut, dann gehen wir mit dir; wenn du schon in dein Verderben läufst, dann wollen wir mit dir sterben!«

Manchmal können seine Jünger ihn einfach nicht verstehen. Auch seine Bemerkung heute erscheint ihnen rätselhaft. »Lazarus schläft, aber ich werde ihn aufwecken«, sagt er. Und sie meinen darauf: »Gut, wenn er schläft, dann wird das wohl ein heilsamer Genesungsschlaf sein, dann wird er schneller wieder gesund.«

Dann wird der Meister noch deutlicher: »Das ist nicht ein Schlaf, wie ihr ihn meint. Lazarus ist gestorben; aber dieser Tod soll die Ehre und die Herrlichkeit Gottes vor euch und vor aller Welt beweisen!«

Wie gesagt, die Jünger verstehen ihn nicht, aber sie gehen mit.

Als die Männer in Bethanien ankommen, geraten sie mitten in eine Situation der Verzweiflung und Trauer. Denn Lazarus ist schon seit vier Tagen tot, ist schon begraben, und Jesus, der Freund, kommt zu spät.

Die beiden Schwestern sind untröstlich, trotz der vielen Verwandten und Nachbarn, die im Hause sind und ihnen ihre Anteilnahme zeigen. Lazarus, ihr Bruder

Lazarus lebt nicht mehr, ist für immer fort. Alles ist nun anders geworden, nie mehr wird es so sein wie früher.

Beide Frauen begrüßen den Ankömmling mit den gleichen tieftraurigen Worten: »Herr, wärest du hier gewesen . . .«

Und Jesus – noch staubig vom langen Marsch, wohl erschöpft und müde – Jesus ist erschüttert über den großen Schmerz, den dieser Tod bereitet hat. Er geht zum Grab seines Freundes. Es liegt in einer Höhle nahe beim Haus!

Dann steht er da, umgeben von den vielen Menschen, die ihm bis hierher gefolgt sind, und sagt plötzlich: »Hebt den Grabstein weg!«

Die Umstehenden sind wie erstarrt, sie schauen sich entsetzt an. Was für eine Vorstellung, das frische Grab wieder zu öffnen! Ist Jesus verrückt geworden, hat ihm der Schmerz um den Verstorbenen den Geist verwirrt? Sie wollen ihn beruhigen und erinnern ihn daran, daß der Leichnam schon vier Tage lang liegt und sich längst im Verwesungsprozeß befindet. Aber Jesus wendet sich an Martha und sagt: »Habe ich dir nicht gesagt, daß du Gottes Herrlichkeit sehen wirst, wenn du glaubst?«

Da wird es ganz still auf dem Platz, und dann tun sie, was er gesagt hat. Ein paar Männer wuchten den großen Stein von der Graböffnung weg, und nun steht Jesus vor der offenen Höhle, in der der Leichnam seines Freundes liegt.

Aber er blickt nicht in das dunkle Grab, er schaut zum Himmel und betet laut: »Vater, ich danke dir, daß du mich erhört hast. Ich wußte wohl, daß du mich immer hörst; aber um des Volkes willen, das umhersteht, habe ich geredet, damit sie glauben, daß du mich gesandt hast.«

Und dann ruft er – Johannes berichtet ausdrücklich »mit lauter Stimme« – in die Grabeshöhle hinein: »Lazarus, komm heraus!« Nur einmal ruft er, nur diese drei Worte, und das Unglaubliche geschieht: Der Tote kommt von innen aus der Höhle gewankt, verschnürt mit Beerdigungsbinden und Leichentüchern, ganz so, wie sie ihn vor ein paar Tagen begraben haben. Da steht er, lebendig, vor den fassungslosen Menschen, und Jesus sagt in die erstarrte Stille hinein: »Nehmt ihm die Binden ab!« Sie gehorchen, lösen die Binden, und alle können es deutlich erkennen: Das ist kein Gespenst, keine Einbildung, das ist wirklich Lazarus, so wie wir ihn gekannt haben, das ist der lebendige Lazarus!

Jesus hat drei Worte gesagt, nur drei Worte, aber weil Jesus sie sagt, sind sie stärker als der Tod.

Warum war Lazarus, als er aus dem Grab kam, wohl noch eingebunden in die Beerdigungstücher? Hätte Jesus, der vor so vielen Menschen unleugbar seine göttliche Macht über den Tod bewies, den Freund nicht auch ungebunden, frei von all den Verschnürungen aus dem Grab kommen lassen können? Natürlich hätte er.

Aber in diesem ganzen Geschehen wird uns ja viel mehr gegeben als nur der Bericht über eine außergewöhnliche Begebenheit. Hier wird »begreifbar« gemacht, was Paulus später in seinen Briefen immer wieder erklärt, betont, unterstreicht: Bekehrung heißt »aus dem Tod herauskommen«, neues Leben empfangen. Der große Apostel hat es ganz deutlich gemacht: »Der Tod ist das Ergebnis der Sünde« (Römer 6, 23) und »Es gibt keinen auf der Welt, der nicht im Herrschaftsbereich der Sünde – und damit des Todes – lebt.« Und da kann sich einer einreden, was immer er will, kann sich betäuben mit allem Rummel dieser Erde, kann Theorien, Philosophien, Religionen bauen, die bis in den Himmel reichen, das alles wird nichts ändern an dieser unverrückbaren Tatsache: Vor Gott ist jeder Mensch tot, gestorben an Gottlosigkeit. Der biologische Tod, den ja wirklich keine Macht der Welt aufhalten kann, ist nur ein Hinweis für die Situation meines eigentlichen geistigen Lebens. Tod ist schrecklich, und an der Todesgrenze hört aller billige Trost, aller selbstgebastelte Betrug auf.

Und doch gibt es eine Lösung, eine großartige, unbegreiflich schöne Antwort: Jesus Christus ist in diese Welt gekommen, um unsere Sünde, unsere Gottlosigkeit, unseren Tod zu übernehmen. Was er damals in die Grabeshöhle des Lazarus' hineinrief, das ruft er auch noch heute: »Komm heraus, komm heraus aus deinem Tod, denn ich bin das Leben, und ich will, daß du lebst, wirklich lebst, in Ewigkeit lebst!«

Die Stimme Jesu ist deutlich hörbar für jeden, der wahrhaftig hören will. Sie ist hörbar in der Bibel, sie ist hörbar im Leben von Christen, sie ist hörbar in der Stille eines ehrlich suchenden Menschen.

Und Jesus hat nicht nur geredet, hat nicht wie ein Guru eine schöne Vision gegeben. Paulus beschreibt das Handeln des Gottessohnes in seinem Brief an die Philipper einmal folgendermaßen: »Er, der bei Gott war, hielt seine Göttlichkeit nicht fest, sondern er entäußerte sich selbst, nahm Knechtsgestalt an, wurde in allen Dingen ganz Mensch (man könnte auch sagen: Er erklärte sich vollkommen solidarisch mit uns Menschen), erniedrigte sich selbst und wurde gehorsam bis in den Tod, den schrecklichen Kreuzestod hinein!«

Das gilt heute und in alle Zeiten hinein: Gott selbst hat in der Person Jesus Christus die Todesmächte durchbrochen, er ist an unsere Stelle gegangen, hat unseren Tod durchlitten, unsere Strafe abgebüßt.

Und genauso wie er auferstanden ist, so ruft er die, die sich ihm anvertrauen, in ein neues Leben, in ein Auferstehungsleben hinein. Wohl noch in dieser Welt, oft schwach und unsicher, dem leiblichen Tod unterworfen. Aber – und das gilt wirklich – der große und ewige Tod, die Verdammnis, die Gottesferne ist beendet, besiegt, entmachtet.

Wo Jesus Christus in ein Leben hineinredet, da geschieht etwas Unglaubliches: da wirkt das Wort Gottes neues Leben. Das wurde bei Lazarus zeichenhaft sichtbar; bei uns kann und soll es ganz geschehen.

Und vielleicht sind die Tücher und Binden des Todes deshalb nicht sofort abgefallen, sondern mußten von den Umstehenden gelöst und abgewickelt werden, damit wir begreifen, daß Gott auch uns eine Verantwortung für das »Ins-Leben-Kommen« anderer Menschen aufgetragen hat. Vielleicht sind die, die dem Lazarus herausgeholfen haben aus den letzten Todeszeichen, ein Vorbild für Gemeinde und Kirche, so wie Paulus es wohl gemeint hat, wenn er in seinen Briefen über Mitarbeiter als »Gehilfen in Christo« spricht. Wer sich selbst von Christus hat helfen lassen, der – und nur der – kann, darf und soll zu so einem »Gehilfen in Christo« werden.

Zeugen zur Sache: Der Junge mit dem Proviant

Mit einer Gruppe von vielleicht 20 Jugendlichen, so zwischen elf und dreizehn Jahren alt, machte ich im vergangenen Sommer eine Wanderung. Ganz zünftig mit Rucksack auf dem Buckel und Wasserflasche am Gürtel waren wir frühmorgens aufgebrochen. Einer schleppte einen Kassettenrecorder mit, und ich hatte eine Mundharmonika dabei, so daß abwechselnd Stevie Wonder, Abba oder wir selbst mit einem gesungenen Lied uns den Wanderrhythmus angaben. Am Anfang war es prima: Das Wetter war herrlich, der Wald frei von Touristen und Mofafahrern – nur ab und zu sahen wir ein paar Forstarbeiter, denen wir zuwinkten, und einmal eine Gruppe von Reitern, die an uns vorbeitrabte – und wir waren alle gut bei Kräften. Gegen Mittag dann wurde es heiß, sehr heiß sogar. Die Anoraks wurden ausgezogen und mit den Ärmeln um den Bauch geknotet, so daß wir von hinten wohl wie ein Mädchenpensionat beim Spaziergang aussahen. In Null Komma nichts waren die Wasserflaschen leer, und die ersten begannen über Blasen an den Füßen zu stöhnen. Kurzum, eine Pause war angesagt.

Wir fanden eine schöne Lichtung mitten im Wald, ein kleiner Bach plätscherte über den Kiesgrund, ein paar knorrige Buchen gaben einen breiten Schatten – es war wirklich optimal. Alle ließen sich und die Rucksäcke erleichtert ins moosige Gras fallen, einige zogen sofort die Schuhe aus und hängten die heißen Füße in das kalte Bachwasser. Dann begann jeder in seinen mitgebrachten Fressalien zu kramen. Neben mir saß Mario, ein junger

Italiener, dessen Eltern seit 15 Jahren bei einer deutschen Elektronikfirma arbeiten. Er war in Deutschland geboren, hatte aber die ersten vier Schuljahre in Palermo verbracht, bei seiner Oma, von der er viel erzählte. Zu der evangelischen Jugendgruppe, mit der ich losgewandert war, hatte er erst seit ein paar Wochen Kontakt. Die Mädchen und Jungen mochten ihn nicht besonders. Er war lebhaft und manchmal ein ziemlicher Angeber. Und außerdem war er katholisch, das schien ihnen reichlich suspekt. Sie ließen ihn oft links liegen, und darum hatte er sich heute mir angeschlossen. Jetzt saß er neben mir, stöberte in seinem Rucksack und schimpfte plötzlich los: »Mamma mia, so ein Mist! Ich hab' meine Brote zu Hause liegengelassen, nur eine Limoflasche und die Schokolade sind hier drin. Die Schokolade ist auch schon ganz weich! Jetzt hab' ich nichts zu essen. O weia, und ich hab' so 'nen Hunger!«

Die anderen guckten alle herüber, einige lachten ziemlich schadenfroh, andere murmelten mit vollem Mund: »Pech gehabt, kannst ja nächstes Mal besser aufpassen, bevor du losgehst!«

Nun, von solchen Kommentaren wurde das Problem nicht kleiner, und Mario fing an, wütend zu werden.

Ich lenkte schnell ein, bevor der große Streit anfing, und fragte: »Wer kann Mario was abgeben? Ein paar von euch haben doch sicherlich viel zuviel eingepackt bekommen von euren Müttern! Denkt doch mal dran, daß ihr die übriggebliebenen Stullen dann nicht mehr bis heute abend tragen müßt!«

Dies Argument zog, und bald lagen vor dem kleinen Italiener mehr Butterbrote im Gras, als er verdrücken konnte.

Etwas später – alle waren satt und lagen schläfrig

herum – sagte einer: »He, Jan, kannst du uns nicht 'ne spannende Geschichte erzählen?« Ich dachte noch über die Situation mit Mario nach, und plötzlich fiel mir eine Begebenheit aus dem Neuen Testament ein, eine Sache, die in allen vier Evangelien berichtet ist. Ja, dieses biblische Erlebnis war spannend, und vor allem, es paßte sogar zur Situation: Der Bericht von der Speisung der 5000.

Im sechsten Kapitel des Johannesevangeliums ist uns dieser Bericht aufgezeichnet. Da lebte irgendwo in der Umgebung des Sees Genezareth ein Junge. Ich kenne seinen Namen nicht, und auch nicht den Namen des Ortes, aus dem er kam. Ich weiß nichts über sein Alter oder über sein Aussehen, nichts von seinen schulischen Leistungen und nichts über seine Eltern. Aber einmal ist dieser Junge ganz nah bei Jesus gewesen; und diese Begegnung ist für 5000 Leute so wichtig geworden, daß sie diesen Tag und wohl auch diesen Jungen nie mehr vergessen haben.

Damals, vor fast 2000 Jahren, war viel Aufregung und Unruhe in Israel um diesen Jesus von Nazareth, diesen Zimmermann, an dessen Botschaft und Person sich das ganze Volk zu spalten drohte. Es war zu ungewöhnlich, was er erzählte, und vor allem, wem er seine Botschaft predigte. Nicht bei den rabbinischen Symposien oder an den theologischen Fakultäten in Jerusalem, nicht bei den Intellektuellen, den Begabten, den Hochgestellten, sondern bei den ganz einfachen Leuten, den Arbeitern und Bauern, bei den kleinen Beamten, die ein miserables Image hatten, weil sie mit den römischen Besatzern kooperierten, bei den Asozialen, bei den zwielichtigen Gestalten, da hatte er seine Anhängerschaft. Überallhin liefen sie ihm nach und warteten auf Wunder und Zeichen, hörten seine Predigten, verfolgten gespannt seine Zusammenstöße mit den Führern des etablierten Judentums. Und obwohl er manchmal streng war und Unrecht wirklich Unrecht nannte und sich da nicht auf eine billige Entschuldigungstheologie einließ, wie sie bei den Sadduzäern gang und gäbe war, obwohl er nicht bequem war für seine Nachfolger, dennoch – oder gerade deshalb – liebten sie ihn und waren bereit, viel zu investieren für ihn und das »Reich Gottes«, von dem er sprach. So viele Erwartungen richteten sich auf ihn, so viel Hoffnung weckte er duch seine Güte für die Unterprivilegierten, durch seine Wahrhaftigkeit und seine Vollmacht. Und immer häufiger hörte man die Frage: »Ob er nicht der Messias ist, der ersehnte Befreier, der Bote Gottes, der größer sein wird als unser Vater Abraham und als Moses?«

Irgendwann war es wieder einmal so gewesen: Jesus hatte gepredigt, hatte geheilt und getröstet, und eine große Menschenmenge war zusammengeströmt. Nach einiger Zeit wollte er sich zurückziehen. Zusammen mit seinen engeren Mitarbeitern und Freunden wanderte er einen Tagesmarsch weit, bis in eine gebirgige Einöde irgendwo beim See Genezareth. Aber – die Leute liefen ihm hinterher, und unterwegs schlossen sich andere an. Wie ein Lauffeuer verbreitete es sich in der ganzen Gegend: »Jesus ist hier! Hier in unseren Bergen, hier am Ende der Welt! Komm, wir gehen mit! Vielleicht passiert etwas Besonderes, vielleicht erleben wir eine Krankenheilung mit oder sonstwas Tolles!«

So liefen über 5000 Leute zusammen und suchten Kontakt zu Jesus. Sie kamen mit ihren Fragen und Nöten, sie hörten ihm zu, sie ließen sich anstecken von der allgemeinen Begeisterung. Und mitten in dieser

Menge war der Junge, über den wir sonst nichts wissen. Außer einem Detail: Dieser Junge hatte nämlich Proviant mit; fünf kleine Brote und zwei Fische. Vielleicht hatte es ihm seine Mutter in die Hand gedrückt, als er ins Haus gerannt kam und rief: »Mutti, darf ich mitlaufen? Die andern gehn auch alle zu dem berühmten Rabbi aus Nazareth. Bitte, bitte, ich bin auch pünktlich wieder zu Hause!« Irgendwo unter den Tausenden war er mit seinem kleinen Essenspäckchen, und er ahnte noch nicht, was sich an diesem Tag ereignen sollte.

Es war Mittag geworden und dann Nachmittag. Der Trubel um Jesus war noch genausogroß wie vorher. Es waren ja auch so viele, die ihn hören wollten. Und er hatte keine billigen Sprüche auf Lager, sondern er redete auf eine Art und Weise, daß die Menschen im Innersten getroffen waren. Es schien, als würde er jedes kleine Problem genau kennen, und irgendwie hatte bei ihm alles einen klaren und logischen Bezug zu Gott, den er seinen Vater nannte.

Die Menschen waren ihm hierher in die Einöde gefolgt, weil sie spürten, daß dieser Mann etwas hatte, was sie brauchten: eine Mitte, eine Ausstrahlung, eine Qualität in den Worten und im Leben. Wenn er sprach, wenn er erzählte von den Gedanken Gottes, dann bekamen alle Dinge den richtigen Zusammenhang. Alles, alles konnte man vergessen um der Gleichnisse willen, mit denen Jesus die Geheimnisse Gottes verdeutlichte, wegen seines Trostes und seiner Klarheit. Das war anders als die ledernen, trockenen Religionsredereien der Priester. Bei Jesus war keine moralische Erpressung im Spiel, man kam sich nicht klein und dumm vor – nein, ganz im Gegenteil: In seiner Nähe hatte jeder das Gefühl, gewürdigt und ernstgenommen zu werden.

Und irgendwie war es passiert in der ganzen Erregung und Begeisterung, in dem Trubel und Wirbel, daß keiner an Essen gedacht hatte. Jetzt waren sie hier, 5000 Leute, mitten in unwirtlichem steinigem Land, wo es keine Bauernhöfe gab und bestimmt keine Gasthäuser. Jetzt waren sie hier und hatten nichts zu essen

Jesus war es, der zuerst davon sprach. So war er: Mit einem klaren Blick für die praktischen Dinge des Alltags wies er seine Jünger auf die kritische Lage hin. »Was meint ihr, wo kaufen wir Brot für all die Leute«, fragt er Philippus, der schon von Anfang an mit ihm ging.

Jetzt merkte es Philippus auch: Das gibt Schwierigkeiten. Es werden ihm wohl mancherlei Gedanken durch den Kopf gegangen sein: »Wieso sind wir eigentlich verantwortlich für das Essen von den Leuten? Haben wir sie vielleicht eingeladen, uns nachzulaufen? Und außerdem, es ist ja wohl unmöglich, so eine Riesenmasse zu versorgen, das kostet ja ein Vermögen.« So ähnlich muß er wohl überlegt haben, denn er antwortet Jesus: »Herr, selbst wenn wir 200 Silberstücke hätten, könnten wir kaum einen Bissen für jeden kaufen!«

Andreas, ein anderer Freund und Mitarbeiter Jesu, steht in der Nähe und bekommt das Gespräch mit. »Herr«, so rutscht es ihm heraus, »Herr, da ist einer, der etwas zum Essen mithat, ein Junge. Ich habe ihn gesehen mit fünf Gerstenbrötchen und zwei Fischen!« Und dann, als ob er sich seiner eigenen Unüberlegtheit schämt, redet er weiter: »Aber fünf kleine Brote und zwei Fischlein, was ist das schon für solch eine Menge?«

Ratlosigkeit, Resignation bei den Jüngern. Und was tut Jesus? Er sagt: »Laßt die Menge sich hinsetzen!« Zu seinen Jüngern sagt er das, und die müssen nun den 5000 Leuten erklären, sie möchten sich bitte setzen, nein, warum, das wüßten sie auch nicht. »Aber trotzdem, setzt euch bitte alle!« Ob was zu essen da sei? Nein, sie haben nichts davon gesehen, aber: »Der Meister hat gesagt, alle sollen sich hinsetzen.«

Einer von den Jüngern hat dann wohl den Jungen geholt mit seinem Proviantpäckchen und ihn zu Jesus geführt. Von dem Gespräch zwischen den beiden ist uns nichts überliefert, aber wir wissen, daß der Junge Jesus seine Brote und seine Fische gab.

Der Meister wird ihm sicher nicht gesagt haben: »Hör mal, kleiner Freund, ich brauche deinen Proviant für ein Wunder, gib ihn mir doch bitte mal, du bekommst bestimmt mehr wieder zurück als das, was du mir gibst!«

Jesus wird ganz schlicht um die Lebensmittel gebeten haben. Und ich glaube, daß es dem Jungen nicht schwergefallen sein wird, sich von seinem Essen zu trennen. Immerhin, es war ja das einzige Eßbare, was er mithatte. Und er hatte wahrscheinlich längst mitbekommen, daß die anderen überhaupt nichts hatten. Aber die unkontrollierten Instinkte, die in solchen Momenten hervorbrechen können, dies ganze »Ich habe, und das ist die Hauptsache«, die Egozentrik, die sich dann zeigt, wenn es um die grundlegenden Notwendigkeiten des Lebens geht, alle diese Gefühle haben in der Nähe Jesu keinen Platz. Sie sind überflüssig, damals genauso wie heute. Wer Jesus kennenlernt, wer ihn anschaut, wer sich von ihm anschauen läßt, der spürt sofort: Hier brauche ich keine Angst zu haben, daß mir einer etwas wegnehmen will, hier ist mein eingefleischtes Mißtrauen überflüssig.

Ich denke, daß der Junge in seiner Begegnung mit Jesus etwas von dem gespürt hat, was Jesus selbst am folgenden Tag zu der Volksmenge sagte: »Ich bin das Brot des Lebens, wer zu mir kommt, der wird keinen Hunger mehr haben. Ich bin das lebendige Brot, das vom Himmel herabgekommen ist. Wenn jemand von diesem Brot ißt, der wird ewig leben!« (Joh. 6, 35+51.)

Und wie ging es dann weiter? Johannes schreibt in seinem Evangelium: »Jesus nahm nun die Brote, dankte und teilte sie unter die aus, welche sich gelagert hatten, genauso die Fische, und gab, soviel sie wollten. Als alle satt waren, sprach er zu den Jüngern: ›Sammelt die übriggebliebenen Stücke, damit nichts zugrunde gehe!‹ Sie sammelten nun ein und füllten zwölf Körbe mit dem, was von den fünf Broten übriggeblieben war.«

Das ist unmöglich, nicht wahr? Das kann gar nicht sein, daß einer aus fünf kleinen Broten so viel macht, daß 5000 Menschen satt werden und außerdem zwölf Körbe voll übrigbleiben.

Wahrhaftig, das ist unmöglich für jeden, der den Gesetzmäßigkeiten dieser Welt untergeordnet ist. Aber damals passierte ja etwas anderes. Denn der, der so handelte, war der Sohn Gottes, der sich in seiner ganzen Vollmacht zeigte und erkennen ließ. Das ist die größte Sache, die es auf dieser Welt gibt, daß Gott sich in Jesus zu erkennen gibt. Wer auf Jesus schaut, so, wie ihn uns die Bibel beschreibt, der erkennt Gott. Und der merkt plötzlich, daß auch er selbst von Gott angeschaut und erkannt ist. Da kommt eine ganz neue Dimension in ein Menschenleben hinein, da beginnt »Reich Gottes« auf dieser Erde. Wer sich mit dem verbindet, der über allen Kleinheiten und Begrenzungen dieser Welt steht, bei dem kann und soll dann selbst alles Kleinkarierte, Dumpfe und Enge aufhören.

Von dem Jungen, der seine fünf Brote und zwei Fische

hergegeben hatte, hören wir im biblischen Bericht nichts weiter. Wahrscheinlich ist er ganz nah bei Jesus geblieben, als der die Nahrungsmittel in die Hände nahm, dafür dankte und sie dann an die Menschenmenge verteilte. Er wird das Unfaßbare genau miterlebt haben. Vielleicht war er der erste, dem Jesus von dem verwandelten Brot und den verwandelten Fischen gab.

Ob er verstanden hat, was da mit seinem Proviant passierte? Ob er gemerkt hat, daß seine Bereitwilligkeit entscheidenden Anteil an dem wunderbaren Geschehen hatte? Ich weiß es nicht, und es ist wohl auch nicht wesentlich. Viel bedeutender ist die Frage: Habe ich es verstanden?

Zeugen zur Sache: Der reiche junge Mann

Als ich so dreizehn, vierzehn Jahre alt war, hatte ich einen Klassenkameraden, den ich glühend beneidete. Er kam aus reichem Elternhaus, sein Vater war Chefarzt einer großen Klinik; er bekam ein – für meine Verhältnisse – geradezu astronomisches Taschengeld; außerdem sah er gut aus und war also von den werdenden Damen unserer Klasse heiß umschwärmt. Aber vor allem: Er war ein wirklich feiner Typ, selbstsicher, aber nie arrogant; gewitzt und clever, außerdem ziemlich intelligent und – wenn es darauf ankam – auch ausgesprochen charmant.

Kurz gesagt, Klaus kam überall bestens zurecht. Er war so ein richtiger Siegertyp, einer, der immer oben schwimmt!

Ich versuchte, in seine Nähe zu kommen, in seiner Clique dabeizusein. Irgendwie wollte ich wohl ein bißchen profitieren von dem Glanz, in dem sich Klaus, meiner damaligen Meinung nach, befand. Das gibt es ja ziemlich häufig, daß einer sich schmücken möchte mit einem anderen. Daß er versucht, sich zu stabilisieren durch die Nähe zu dem, den er bewundert.

Ich wollte einfach auch auf der Sonnenseite dabeisein und mitmachen bei all den Sachen, die ich so faszinierend fand. Es gelang mir auch, in diese Clique um Klaus mit reinzukommen. Dadurch, daß wir beide großes Interesse an Musik hatten, entwickelte sich so etwas wie eine Zweckfreundschaft. Nichts wirklich Tiefgehendes, aber doch so, daß wir uns ein Stück näherkamen.

Dann ging ich ab von der Schule und auch weg aus der Stadt, in der wir zusammen zur Schule gegangen waren. Ich hatte kein Interesse, die alten Kontakte aufrechtzuerhalten, und so hörte ich nur ab und zu etwas von dort, meistens bei zufälligen Begegnungen. Klaus machte sein Abitur, sein Vater schenkte ihm das Geld für einen Flugschein, er hatte ein recht flottes Auto, dann begann er Jura zu studieren in einer süddeutschen Stadt. Das hörte ich so im Laufe der Zeit.

Vor etwa zwei Jahren war ich zu einem Konzert in der Stadt eingeladen, in der ich damals zu Hause gewesen war. Als ich den Saal sah – meine ehemalige Schulaula –, da wurden eine Menge Erinnerungen wieder wach, und ich kam auf die Idee, die Eltern von Klaus zu besuchen. Ich wollte einfach wissen, was er so machte, und vielleicht war er ja gerade zu Hause.

Ich ging hin, klingelte, ein Dienstmädchen öffnete, und ich fragte nach Klaus. Sie schaute mich unsicher an, stotterte ein bißchen herum und holte dann die Mutter meines Schulfreundes. Sie bat mich herein, und ich wiederholte meine Frage. Da senkte sie den Kopf und fragte leise: »Ja, wissen Sie denn nicht, was passiert ist, Herr Vering?« Und dann erzählte sie, daß Klaus eines Tages einen Selbstmordversuch unternommen habe. In der Stadt, in der er studiert hatte, habe er mit Schlaftabletten in dem behaglichen Appartement, das seine Eltern ihm besorgt hatten, versucht, Schluß zu machen. Er sei von der Hauswirtin gerade noch rechtzeitig gefunden worden. Dann sei alles so abgelaufen, wie das so oft abläuft: Rettungswagen, Unfallstation, Magenauspumpen, Infusion, Ruhigstellung des Patienten, später dann Polizei und Psychiater. Nur – Klaus sei nie wieder ganz zu sich gekommen. Irgendwelche Schichten seines

Bewußtseins hätten sich der Realität verschlossen, er müsse behandelt werden wie ein siebenjähriges Kind. Seit dreieinhalb Jahren schon lebe er in einem Sanatorium in Norditalien, sehr nobel, Privatpflege, aber eben eine geschlossene Anstalt.

Ich saß da in diesem großartigen Wohnzimmer auf einem großartigen Sofa in einem großartigen Haus und – war fassungslos, echt fassungslos, als ich dieser spürbar leidenden Frau zuhörte. Wie war das nur möglich? Klaus, der Sieger, Klaus, unser Vorbild! Er, der alles hatte, dem das ganze pralle Leben wie ein Geschenk zuzufallen schien. Und dann – der Wunsch, alles zu beenden, Schluß zu machen. Warum, warum bloß?

Später zeigte mir dann Klaus' Mutter den Abschiedsbrief, den er geschrieben hatte. Mit ihrer Erlaubnis fotokopierte ich diese vier Seiten, die er getippt hatte. Ein paar Sätze daraus möchte ich weitergeben: »Mein Leben ist wie ein kostbarer Ring gewesen«, so schrieb er, »aus einem teuren Material, bestens geformt und bearbeitet, eine wunderbare Fassung, aber das Eigentliche, der Stein, für den der Ring gemacht wurde, der Inhalt, der fehlt . . . Ich habe alles, was einer nur brauchen kann, es gibt kaum Wünsche, die ich mir nicht realisieren könnte, aber – ich habe keine Lust, mir etwas zu wünschen, ich bin es leid, einfach nur dazusein. Ich kenne nur Füllungen für mein Leben, so wie man eine Wurstpelle füllt, aber wozu das alles, das weiß ich nicht. Auch vergoldete Sinnlosigkeit bleibt Sinnlosigkeit!«

In gewisser Weise hat Klaus Ähnlichkeit mit einem anderen jungen Mann, von dem uns in der Bibel berichtet wird. Von diesem jungen Mann steht im Markusevangelium, Kapitel 10, daß auch er reich war. Es wird uns nicht sehr viel gesagt über ihn. Wir wissen lediglich, daß er im Volk sehr angesehen war, denn es heißt: »Er war ein Oberster des Volkes.« (Luk. 18, 18.) Wahrscheinlich kam er aus einer alteingesessenen und wohlhabenden Familie, vielleicht war sein Vater politisch tätig, vielleicht war er sogar ein angesehener Theologe, ein Pharisäer oder ein führender Sadduzäer.

Auf jeden Fall, dieser junge Mann war wirklich angesehen. Er hatte alles, was wünschenswert war: Bildung, Stellung, Karriere, Freunde, Geld . . . Und noch etwas kommt in diesem biblischen Bericht deutlich zum Ausdruck: Er hatte vor allem eine tiefe Sehnsucht nach den wirklichen Dingen des Lebens. Denn in den Evangelien wird uns berichtet, daß er eines Tages eine Begegnung mit Jesus suchte, ihm entgegenlief, sich auf den Weg kniete und dann sagte: »Guter Meister, was muß ich tun, damit ich das ewige Leben haben werde?«

Das war schon eine erstaunliche Sache: Da geht Jesus, der umstrittene Jesus, mit seinen Freunden und Jüngern auf irgendeiner staubigen Straße in Israel. Er ist unterwegs nach Jerusalem, und überall strömen die Leute zusammen, um ihn zu hören, um Heilung von Krankheiten zu suchen, um Trost und Ermutigung von ihm zu bekommen. Meistens sind es die armen Leute: die Verkrüppelten, Bedrückten, Bettler, Sorgenvollen, die seine Nähe suchen; es sind meistens die, die am Leben leiden, die den Druck ihres Daseins hart spüren. Sie alle suchen Jesus. Hat er nicht gesagt: »Kommt her zu mir, alle, die ihr mühselig und beladen seid, ich will euch erquicken?« Ja, solche Leute hatte er gerufen, hatte sie aufgefordert zu kommen. Und sie kamen. Immer und überall, wo Jesus sich sehen ließ, waren sie da, die Menschen mit den verwundeten Seelen, mit den kaputten Körpern, die, die in der Gesellschaft unten durch die

Maschen rutschten, die nicht aufgefangen wurden vom sozialen Netz oder von verwandtschaftlichen Verbindungen. Und er kümmerte sich um sie, war bei ihnen, half und heilte, tröstete und segnete. Wenn solche Leute die Nähe des Rabbis aus Nazareth suchten, war das ja wirklich verständlich.

Aber dieser junge und reiche Mann, warum der sich hinkniete und von Jesus Antwort erbat, warum der sich erniedrigte, öffentlich, das war schwer einsehbar.

Es imponiert mir immer wieder, mit welcher Dringlichkeit dieser junge Mann seine Frage vor Jesus bringt. Er vergißt alle gesellschaftlichen Konventionen, er kümmert sich nicht um sein Image; ihm brennt eine Lebensfrage unter den Nägeln. Und er muß, muß Antwort finden. Wie viele andere gibt es, damals und genauso heute, die in einer ähnlichen Situation sind! Im Vergleich mit dem Weltdurchschnitt sind wir alle, die wir heute in diesem Land leben, reiche Leute. Und wenn du jung bist, dann geht es dir vielleicht genauso wie diesem reichen jungen Mann in der Bibel. Da ist eine Frage in deinem Leben, eine Frage, nach dem Sinn und Ziel. Wie verhältst *du* dich? Stellst du deine Frage, auf Biegen und Brechen? Investierst du etwas, um eine echte Antwort zu finden?

Oder gehörst du zur großen Masse der Trägen, die sich beruhigen und ablenken? Bist du einer von denen, die alles so ein bißchen dämpfen und klein halten wollen? Das ist auch ein Weg, ein vielbenutzter sogar, aber trotzdem ein unheimlich schlechter Weg. »Bloß nicht fragen! Bloß keine Unruhe zulassen, die sich im Herzen breitmachen könnte. Bloß kein Risiko in mein Leben. Ich werd' schön so langtrotteln wie alle langtrotteln. Hübsch brav in der ausgelatschten Spur bleiben. Und wenn doch mal etwas anfängt zu brennen, wenn Unruhe und Fragen übermächtig werden, dann greif' ich zu den gängigen Hilfsmitteln, zu den Umneblern, zu den Rosamachern. Alkohol, Tabletten, Sound, Drogen, ich werd' schon was finden. Damit werd' ich schon totschlagen, was sich in meinem Innersten regt.«

Und wer lange genug in diesem Stil sein Leben praktiziert, der merkt gar nicht, daß er irgendwann sein kostbares, gottgeschenktes Leben verschleudert hat und eingetauscht gegen eine bloße Existenz.

»Guter Meister, was muß ich tun, damit ich das ewige Leben haben werde?« Das war die Frage, die der junge reiche Mann, dort im Straßenstaub kniend, an Jesus richtete. Er muß viel an Hoffnungen investiert haben in seine Frage, und wahrscheinlich hat er voll Erwartung aufgeblickt zu Jesus. »Guter Meister«, so hat er den Rabbi aus Nazareth genannt voller Ehrerbietung und Bewunderung. Und die Antwort des Bewunderten? »Was nennst du mich gut? Niemand ist gut außer Gott allein. Willst du aber zum ewigen Leben eingehen, dann halte die Gebote: Du sollst nicht töten, du sollst nicht ehebrechen, du sollst nicht stehlen, du sollst nicht unehrlich sein, du sollst Vater und Mutter ehren, und du sollst deinen Nächsten lieben wie dich selbst!«

Diese Antwort ist wie eine kalte Dusche für den Fragenden. Das Gesetz, das alte mosaische Gesetz ist es, was Jesus da nennt. Das kennt er doch, von Jugend auf. Damit ist er aufgewachsen. Das ist doch nichts Besonderes!

Und hier liegt wohl der entscheidende Punkt. Dieser junge Mensch, der sich da vor Jesus hinkniet, der die wichtigste Frage stellt, die man überhaupt stellen kann, dieser Mann erwartet vor allem etwas Besonderes. Etwas ganz Exklusives und Außergewöhnliches. Es stimmt, er hat die richtige Frage, aber gleichzeitig ist er schon festgelegt, was die Antwort angeht. Er hat eine bestimmte Vorstellung von dem, was er hören möchte; und damit versperrt er sich automatisch den Weg zur wirklichen Wahrheit.

Das ist die Tragödie, an der sehr viele Leute scheitern. Sie spüren, daß die Wurzel ihres Lebens krank ist, sie machen sich auch auf, um Hilfe zu finden, aber – ihre Vorstellung von dieser Hilfe ist so festgefahren, in ihrem Denken so vorprogrammiert, daß sie an dem einzigen Arzt vorbeilaufen und den Scharlatanen in die Hände fallen. Paulus schreibt das einmal an seinen Freund Timotheus in folgenden Worten: »Denn es wird eine Zeit sein, da sie die gesunde Lehre nicht leiden werden; sondern nach ihren eigenen Lüsten werden sie sich selbst Lehrer aufladen, wonach ihnen die Ohren jucken, und werden die Ohren von der Wahrheit wenden und sich zu den Fabeln kehren« (2. Tim. 4, 3+4). In diesem Gespräch zwischen Jesus und dem reichen jungen Mann ist besonders auffallend, wie deutlich Jesus auf das Wesentliche hinweist. »Was nennst du mich gut? Niemand ist gut außer Gott allein!« Das sagt der Sohn Gottes, der sich auch schon mehrfach als der erwartete Messias öffentlich zu erkennen gegeben hat. Jesus hätte allen Anspruch der Welt auf diese Anrede »Guter Meister«, aber er spürt hinter den Worten des Fragenden diese verkehrten und verdrehten Erwartungen. Darum weist er so nachdrücklich auf das Gesetz Moses hin. »Ich bin nicht gekommen, Gesetz und Propheten aufzuheben, sondern sie zu erfüllen!« So hat er selbst formuliert, und in seinem ganzen Leben und Sterben ist es deutlich geworden, daß der Gott Abrahams und Moses, der Gott des Gesetzes, derselbe ist, von dem Jesus gesandt war, der Begnadigung für alle, die es annehmen, geschenkt hat.

Aber der junge Mann versteht nichts von dem, was Jesus ihm sagen will, das wird in seiner Erwiderung deutlich: »Meister, das alles habe ich gehalten von Jugend an, was fehlt mir noch?« Liegt in dieser Antwort nicht ein unglaublicher Hochmut? Oder sagt er das aus Dummheit? »Das alles habe ich gehalten«; wer kann das wirklich und mit reinem Herzen sagen? Niemand, wenn er ehrlich ist.

Oder jedenfalls nur der, der das Gesetz des einen und heiligen Gottes verzerrt und verkleinert zu einem moralischen Sittenkodex. Was dieser junge Mann hier erfüllt zu haben glaubt, ist nur eine Imitation der Wahrheit Gottes. Darum bleibt in seinem Herzen eine Unruhe, darum fragt er: »Was fehlt mir noch?«

Wir wissen, wie diese Begegnung weiterging. Jesus sagte dem jungen Reichen: »Eines fehlt dir. Gehe hin, verkaufe alles, was du hast, und gib's den Armen, dann wirst du einen Schatz im Himmel haben! Und danach komm, folge mir nach und nimm dein Kreuz auf dich.« Daraufhin ging der junge und reiche Mann unmutig und traurig weg.

Einen Satz, einen kleinen Satz habe ich allerdings jetzt aus dem biblischen Bericht weggelassen, und der gibt dieser Antwort Jesu ein besonderes Licht. Im Vers 21 heißt es: »Jesus schaute ihn an und liebte ihn.« Das ist ein herrlicher Satz, der viel aussagt über dieses ganze Gespräch. Was Jesus hier fordert, fordert er aus Liebe zu diesem Mann. Er will ihm helfen, will ihm deutlich machen, worum es im tiefsten geht. Nicht um ein Abhaken erfüllter moralischer Grundsätze, nicht um eine äußere religiöse Form; in Wirklichkeit geht es um ein ganzes und umfassendes Ja zu Gott. Um eine endgültige Vertrauenserklärung. Vielleicht kann man sagen: Es geht im Verhältnis von uns Menschen zu Gott um eine wahre Liebeserklärung.

Genau das liegt auch in den Worten Jesu: »Mach dich los von allem, was dir wichtig ist, riskiere es, deine eigenen Vorstellungen von Gott beiseite zu stellen, dann wird der wahre Gott sich dir vorstellen. Räume zur Seite, was deinen Durchblick hindert, gib es weg, schenk es denen, die es nötig haben, dann kannst du die Wahrheit erkennen. Und die Wahrheit wird dich freimachen.«

Das ist der entscheidende Punkt: Nur wer seine Götzen verstößt, hat Platz für Gott. Götzen können materielle Dinge sein, Reichtum oder ähnliches. Es können aber genauso auch geistige Tatsachen sein, Lieblingsgedanken, Vorurteile, festgefahrene Erwartungen, »Lehren, nach denen uns die Ohren jucken«.

Und es ist die Liebe Jesu Christi, diese erbarmende Liebe zu uns, daß er die Götzen entlarvt. Damit wir uns entscheiden können, damit wir Freiraum gewinnen in unserem Herzen. Die ganze Unklarheit und Schwammigkeit der Lüge, der gelebten Lüge, muß weichen, wo Jesus ist. Er zeigt uns, wie die Dinge unseres Lebens wirklich aussehen, und dann fragt er uns: »Was wählst du? Was möchtest du?«

Der junge Mann geht traurig weg, wie die Bibel sagt. Wahrscheinlich hat er verstanden, jetzt endlich verstanden, was Jesus ihm sagt. Und wer weiß, ob der Same der Wahrheit nicht irgendwann aufgegangen ist in seinem Herzen. Wenn ja, dann hat er die Antwort gefunden auf seine Frage: »Was muß ich tun, damit ich das ewige Leben haben werde.«

Es ist Liebe, daß Jesus uns die Wahrheit sagt, und es ist

wahr, daß seine Liebe uns konkret hilft, unser Leben nach dem Maßstab Gottes auszurichten.

Da sah sich Jesus im Kreise um und sprach zu seinen Jüngern: »Wie schwer ist doch für die Reichen der Eingang in Gottes Königreich!« Die Jünger waren über diese Worte betroffen. Doch Jesus wiederholte ihnen: »Kinder, wie schwer ist doch für Leute, die am Gelde hangen, der Eingang in Gottes Königreich.« Da erschraken sie noch mehr und sagten zueinander: »Ja, wer kann dann überhaupt gerettet werden?« Jesus sah sie an und sprach: »Für Menschen ist das zwar unmöglich, doch nicht für Gott; denn für Gott ist alles möglich.« Da nahm Petrus das Wort und sprach zu ihm: »Siehe, wir haben alles aufgegeben und sind dir nachgefolgt.« Jesus erwiderte: »Wahrlich, ich sage euch: Jeder, der Haus, Geschwister, Eltern, Kinder oder Äcker fahrenläßt aus Liebe zu mir und der Heilsbotschaft, der soll dafür hundertfältig Ersatz empfangen: Jetzt schon in dieser Welt empfängt er Häuser, Geschwister, Mütter, Kinder und Äcker, wenn auch unter Verfolgungen, und in der zukünftigen Welt das ewige Leben. Doch in vielen Fällen werden die Ersten die Letzten und die Letzten die Ersten sein« (Mark. 10, 23–31).

Zeugen zur Sache: Ein römischer Offizier

Es gibt Skandale im Leben, die nur deshalb nicht ihre ganze Wirksamkeit entfalten können, weil sie im Schatten größerer Ereignisse geschehen. Sie gehen unter im Wirbel anderer Skandale, und vielleicht werden sie darum von vielen gar nicht richtig wahrgenommen.

Von so einem »vergessenen« Skandal möchte ich euch berichten, und auch von dem Mann, durch den er entstand!

Dieser Mann war Offizier, römischer Offizier, genauer gesagt: Hauptmann. Er tat Dienst in einem besetzten, feindlichen Land: in Israel.

Seit über 90 Jahren war Israel in der Gewalt der Römer, und die hatten, getreu ihrem alten Leitspruch »divide et impera«, »teile und herrsche«, eine Verwaltung, eine Justiz, eine Regierung aufgebaut, in welcher Juden, vor allem die der gehobenen Klassen, durchaus Karriere machen konnten. Und viele machten von dem Angebot Gebrauch, kauften sich Steuergebiete, besuchten römische Schulen, traten in Staatsdienst und damit in ziemliche Sicherheit – kurzum, sie arrangierten sich mit den Besatzern.

Aber – und das war wirklich ungewöhnlich nach mehr als 90 Jahren Fremdherrschaft – ein großer Teil des Volkes, ein überwiegender Teil arrangierte sich *nicht*!

Unter Leitung einiger strenger konservativer Priester und Religionslehrer hielten sie an einem für Römer etwas lächerlichen Messiasglauben fest. Sie waren überzeugt, daß Gott einen besonderen Boten auf die Erde senden werde, der werde nicht nur die Römer vertreiben, nein, der werde nach der Befreiung des Landes auch eine Art Gottesstaat in Israel errichten, dem sich alle anderen Nationen beugen würden. Eine absurde Vorstellung für die Römer, waren sie nicht die Weltmacht schlechthin?!

Man hätte ja einfach schmunzeln können über solche Stories, wenn da nicht ein Haken bei der Sache gewesen wäre: Diese Juden glaubten nicht nur auf eine ganz extreme Art an ihren Gott, sie handelten auch immer wieder so unvernünftig, daß keine Ruhe ins Land kam. Man konnte es drehen und wenden, wie man wollte: Ohne Garnisonen, ohne Militär im ganzen Land, und vor allem in Jerusalem, hätte sich das römische Lebens- und Herrschaftsprinzip nicht halten können in Israel.

Der Mann, von dem nun berichtet werden soll, war Offizier. Mehr wissen wir eigentlich nicht über ihn, nur seinen Dienstrang, seine Nationalität und einen Satz, den er – anläßlich einer öffentlichen Hinrichtung – vor Zeugen gesagt hat.

Er tat Dienst in der Hauptstadt der römischen Provinz Israel, in Jerusalem. Dort war es reichlich unruhig, vor allem zur Frühjahrszeit, wenn die Juden ihr größtes religiöses Fest, Passah genannt, feierten; dann brodelte und gärte es in allen Winkeln und Gassen.

So auch in diesem Jahr: Ein paar Tage vor dem großen Fest war ein junger und sehr berühmter Rabbi mit seinen Anhängern in die Stadt gekommen, und das gesamte Volk lief ihm nach. Es hieß, er sei vielleicht der erwartete Messias, und man bereitete ihm einen Empfang, wie ihn sich ein Politiker nur hätte wünschen können. Die ganze Stadt hallte wider von den Rufen: »Hosianna, hoch dem

Mann, der in Gottes Namen kommt, Heil dem Retter aus dem Geschlecht Davids!«

Es war schon fast eine Massenhysterie. Und in der römischen Garnison, wo sowieso über die Feiertage erhöhte Alarmbereitschaft angeordnet war, begannen die Soldaten Wetten abzuschließen: »Verhaften wir diesen Nazarener heute noch oder erst morgen?«

Nun, es kam anders. Nicht römische, sondern jüdische Soldaten waren es, die in der folgenden Nacht den Rabbi aus Nazareth festnahmen. Eigentlich waren sie keine richtigen Soldaten, diese Juden, vielmehr eine Schutzstaffel, die dem Hohenpriester direkt unterstand und mit deren Hilfe er für Ordnung im Tempelbereich sorgte.

Einiges sickerte durch im Verlaufe des nächsten Vormittags. In einem Garten sollen sie ihn erwischt haben, so hieß es in den römischen Kasernen, und dann soll noch mitten in der Nacht ein Geheimprozeß abgelaufen sein, auf allerhöchster Ebene. Man redete von Tumulten, die sich dabei abgespielt hätten, und von gekauften Zeugen. Der große alte Hannas, ehemaliger Hoherpriester und der wichtigste Jude im Lande, und sein Schwiegersohn Kaiphas, der jetzt Hoherpriester war, hätten sich stark engagiert dafür, daß der junge Rabbi zum Tode verurteilt würde, und heute vormittag würden die jüdischen Politiker und Theologen zum Gouverneurspalast kommen, um von Pontius Pilatus eine Legitimierung des Todesurteils zu erwirken.

Der Offizier, von dem ich berichten will, erlebte das alles mit. Er wird seinen Teil vom Tratsch aufgeschnappt haben, vielleicht hat er selbst mitspekuliert, wie es wohl enden würde mit diesem Nazarener.

Aber insgesamt gesehen war das alles nicht so besonders. Ein römischer Offizier kannte die Welt, hatte vielleicht in Afrika oder in Britannien, in Gallien oder am Bosporus gekämpft, gesiegt, geherrscht. Rom war groß, und seine Stärke war die Armee. Und das Rückgrat dieser Armee waren die Offiziere. Da regte man sich nicht übermäßig auf wegen eines kleinen Aufruhrs in Jerusalem. Es ging ja nur um Religionsfragen.

Irgendwann im Laufe des Vormittags kamen sie dann: Zu Hunderten strömten sie herbei, in dichten Trauben drängten sie in den Hof des Gouverneursgebäudes, erregt debattierend; auf der ganzen Menschenmenge lag eine Spannung, etwas Bedrohliches, Unberechenbares.

Den Kern der Masse von Juden bildeten die Pharisäer und Schriftgelehrten, deutlich erkennbar an ihren prächtigen Gewändern und auch an dem Selbstbewußtsein, mit dem sie sich bewegten. Hinter ihnen kam – umgeben von Wächtern – der von ihnen Verurteilte. Genaues war nicht zu erkennen in dem Durcheinander, aber soweit man sehen konnte, war der Mann übel zugerichtet. Da muß wohl wirklich Lynchstimmung gewesen sein gestern abend im Sanhedrin.

Im Hof blieben die Juden stehen. Weiter gingen sie auf keinen Fall, denn dies war ja das Haus eines Heiden. Mochte er tausendmal der Machthaber in Israel sein, der Stellvertreter des Kaisers, für sie blieb er ein Heide. Das schrieb ihr Gesetz so vor, das war verbindlich für sie, da waren sie sehr genau.

Nicht ganz so genau nahmen es die Führer des Volkes dann mit dem Angeklagten, den sie dem Pilatus vorbrachten. »Er ist ein Volksaufwiegler, der gegen die Staatsgewalt hetzt. Ein Steuerrebell, der sich zum König machen will, ein Revoluzzer, der den Umsturz plant.« So und ähnlich berichten sie, aufgeregt und unwahr. Die da anklagen, die wissen genau, daß Jesus gesagt hatte:

»Gebt dem Kaiser, was des Kaisers ist, und Gott, was Gottes ist!« Gerade wegen dieses Satzes, vor allem des zweiten Teils des Satzes sind sie ja so erbittert gegen ihn. Er hat ja unterstellt, sie, die Schriftgelehrten, sie, die moralischen und religiösen Führer, sie würden Gott nicht in der nötigen Weise ehren. Genau da lag der Grund ihres Hasses. Und so hetzten und hechelten sie, um Pilatus zu einem schnellen Urteil zu bewegen.

Aber was sie befürchteten, trat tatsächlich ein: Pilatus zeigte sich beeindruckt von dem Angeklagten. Er begann ein Verhör und merkte, was hier gespielt werden sollte: Aus irgendeinem Grund war dieser Mann im Wege, und nun sollte die römische Justiz ein juristisches Feigenblatt liefern, damit man ihn möglichst sofort umbringen könnte. Nun ging es los, das Verhandeln und Feilschen. Pilatus war nicht bereit, auf die durchschaubaren Scheinargumente der Juden einzugehen, er sagte es deutlich und öffentlich: »Ich finde keine Schuld an ihm!« Vielleicht haben die Freunde und Anhänger des Angeklagten schon aufgejubelt: »Unschuldig! Pilatus hat gesagt: unschuldig!« Aber die Verkläger gaben nicht auf. Erpressung begann, diplomatische Frontalangriffe auf den Richter, versteckte Drohungen, Hinweise auf Beziehungen, die man ja schließlich hätte, im mächtigen Rom. Pilatus begann sich zu winden – er, der Vertreter der größten Macht auf Erden, er wurde unsicher und labil. Der fanatische Druck, die geifernde Feindschaft des religiösen Establishment begann Wirkung zu zeigen. Irgendwie muß im Hirn des Gouverneurs der Gedanke entstanden sein: »Wenn ich diesen Rabbi, diesen augenscheinlich unschuldigen Rabbi aus Nazareth foltern lasse, wenn die Pharisäer sehen, daß er blutet, vielleicht geben sie dann Ruhe, vielleicht ist das eine Lösung dieses Dilemmas.«

Und nun wird der Offizier, von dem ich berichte, wahrscheinlich Jesus aus Nazareth zum ersten Mal von nahem gesehen haben. Pilatus gab den Befehl: »Nehmt diesen Mann, geißelt ihn, und dann bringt ihn wieder her!«

Die römischen Soldaten packten den Unschuldigen, schleppten ihn in ihren Garnisonshof und machten ihn fertig. Fix und fertig – sie taten weit mehr, als ihnen befohlen war. Sie hatten ihren Spaß mit diesem komischen Kauz, der ihnen da übergeben wurde, und wenn der weichgemacht werden sollte, dann wollten sie schon dafür sorgen. Alle Langeweile, alle Aggressionen, alle Spannungen, alles verdichtete sich zu einer Haßorgie gegen den Wehrlosen. Sie schlugen ihn mit Lederpeitschen, in deren Schnüre Metallstücke eingearbeitet waren. Sie stießen ihn mit ihren Lanzen, sie machten aus Dornen einen Kranz und hieben ihn dem Gemarterten aufs Haupt. Dann, als besonders lustiger Gag – verbanden sie ihm die Augen, legten ihm einen Fetzen von kostbarem Tuch um die Schultern, schlugen ihn und fragten: »Na, Messias, du Prophetchen, wer hat dich denn gerade geschlagen?!«

Und wie verhielt sich Jesus? Wimmernd, schutzsuchen, gebrochen? Oder voll ohnmächtiger Wut, voll blankem Haß gegen seine ungerechten Peiniger?

Nein, auch in dieser Situation, in dieser extremsten Belastung, die ein Mensch erleben kann – unschuldig gequält werden, unschuldig beschuldigt werden, unschuldig an die Grenze des Todes gebracht werden – auch jetzt blieb er, was er immer gewesen war: der Sohn Gottes, auf diese Welt gekommen, um alle Wut und Verzweiflung, allen Haß und jede Aggression, alles Brutale und Ungerechte an sich selbst vollziehen zu lassen, damit er die Grundlage dieser Dinge, die Gottlosigkeit der Menschen, verändern könnte.

Ich glaube, daß unser Offizier diese Haltung bemerkt hat, und vielleicht ist dadurch auch die besondere Grausamkeit der Soldaten zu erklären, wie ja immer dann alle Macht- und Vernichtungsgelüste der Menschen besonders stark werden, wo Souveränität, innere Kraft, ja Liebe für die Gewalttätigen zu spüren ist. Jesus, der später – sterbend am Kreuz – für seine Mörder betete, wird jetzt in dieser Kraft, in dieser Liebe die Qualen erduldet haben. So etwas kann man spüren, kann man erkennen, wenn man nicht gerade blind ist vor Haß und Mordlust. Der Hauptmann wird es gespürt haben, und wahrscheinlich sind gerade dadurch die Augen seines Herzens geöffnet worden. Gequälte, auch zu unrecht Gequälte, hat er sicherlich oft genug gesehen während seiner Dienstzeit, darin war man nicht empfindlich während der Glanzzeit des römischen Superfaschismus. Aber wie dieser Mann seine Marter ertrug, wie er stand, als sie ihm die Haut vom Körper peitschten, wie er saß oder kniete, als die scharfen Dornen sich in seine Kopfhaut bohrten, wie sein Gesicht aussah, als ihm die Augen verbunden wurden und seine Leibesqualen ergänzt wurden durch Qualen an seiner Persönlichkeit, an seiner Würde, an seinem inneren Menschsein – wie er ganz er blieb in diesem Sturm der blanken Gewalt, das muß etwas gewesen sein, was der Hauptmann noch nie erlebt hatte.

Sonst finden sich bei jedem Menschen Stellen, wo er reagiert, wo das Böse einhakt und dann auch beim Opfer Böses produziert wird. Dann schreit heraus, was drinnen ist. An dieser Grenze, dieser letzten Grenze menschlicher Bosheit und menschlichen Duldenkönnens, da wird ganz sichtbar, was einer ist. Hier gibt es kein Verstellen kein So-tun-als-Ob mehr. Hier zeigt sich Menschsein pur.

Und was der Offizier bei Jesu sehen konnte, als sie den Leib und die Seele quälten und zerstörten, was er spüren konnte war – Liebe.

Wie ging es weiter? Die Soldaten führten Jesus, den halbtoten Jesus, wieder zu Pilatus, in den Gouverneurspalast, vor das ganze versammelte Volk. Pilatus war entsetzt, als er den blutüberströmten, zerschundenen, kaputten Menschen wiedersah. Er versuchte alles mögliche: Einen Gefangenen bekamen die Juden in jedem Jahr frei und er bot ihnen an: entweder Jesus oder – Barrabas, ein gefürchteter Räuber und Mörder, unter dem nicht nur die Römer, sondern auch die Juden schwer zu leiden gehabt hatten. Sie wählten – verhetzt und fanatisiert von den umherhuschenden Pharisäern – den Mörder. Sie wollten nicht Argumente, Schuldbeweise, Zeugenaussagen, sie wollten das Leben Jesu. »Sein Blut komme über uns und unsere Kinder«, schrien sie höhnisch und dann den Mörderslogan, den die Schriftgelehrten schon im Sanhedrin während des Prozesses angestimmt hatten. »Kreuzigt ihn, kreuzigt ihn!«

Der Triumph der Pharisäer: Pilatus gab auf. Er resignierte, wurde kraftlos gegen den Haß und die Mordwut der Juden, bekam Furcht um seine Sicherheit, seine Stellung, vielleicht sogar sein Leben. Er übergibt den Unschuldigen seinen Soldaten, die zum Henkersdienst abkommandiert werden. Der Hauptmann ist dabei. Ist von nun an bei allem dabei, denn er leitet diese Hinrichtung. Ist dabei, als sie Jesus das Kreuz aufladen, gibt den Marschbefehl, sorgt für Ordnung auf dem langen Weg durch die Stadt, in den Straßen und Gassen, durch welche sie Jesus treiben, ist dabei, als der Sterbende zusammenbricht, dreimal zusammenbricht unterwegs, ist dabei, als er seinen Angehörigen begegnet, seiner fassungslosen Mutter und seinen Geschwistern; er erlebt den Zorn und das Mitleid der Menschen am Straßenrand, den lästernden Spott und die wortlose Verzweiflung. Er sieht die Angst der Jünger Jesu, sieht ihr Nichtbegreifenkönnen, sieht ihre Augen auf den taumelnden, entwürdigten Meister gerichtet, auf ihren Herrn, der dort zum Verbrechertod geführt wird.

Er gibt die organisatorischen Befehle auf Golgatha: wer das Kreuz zusammennagelt und wer den Gefangenen darauflegt, wer ihm die Kleider auszieht und wer die Nägel durch die Hand- und Fußgelenke des Verurteilten hämmert, wer das Kreuz aufrichtet und wer es befestigt.

Er sorgte für einen reibungslosen Ablauf des Todes Jesu. Das war sein Befehl, daran hielt er sich. Drei Stunden lang sah er Jesus sterben, erlebte er den Haß der führenden Juden, dieser frommen Männer, die selbst jetzt, beim Sterben ihres Todfeindes, nicht still wurden, sondern gegen ihn geiferten und lästerten. Er sah seine eigenen Soldaten, die sich ausruhten von der geleisteten Arbeit und dabei ein kleines Würfelturnier veranstalteten um die Kleider des noch nicht Toten, der nicht weit von ihnen am Kreuz verblutete und erstickte. Hörte, wie auch sie sich anstecken ließen vom Ungeist dieser Stunde, wie sie sich ereiferten und gegenseitig zu übertreffen versuchten in Beleidigungen gegen den Mann am Kreuz.

Er hörte jedes Wort, das Jesus sprach, jedes dieser weltwichtigen Worte mit dem einen Verbrecher, der gleichzeitig hingerichtet wurde und der in seinen letzten Lebensmomenten mehr erkannte und verstand als in seinem ganzen Leben vorher. Mit Johannes und Maria, die unter dem Kreuz standen. Mit Gott, den er seinen Vater nannte.

Und als die Qual dann vorbei war, als Jesus endlich, endlich starb, da fiel der Hauptmann aus der Rolle, da sagte er laut und deutlich: »Wirklich, dieser Mensch war Gottes Sohn!«

Das ist der Skandal, den ich am Anfang meinte. »Wirklich, dieser Mensch war Gottes Sohn!« – Mit dieser Aussage spricht der Römer alle schuldig, die an der Verurteilung und der Hinrichtung teilhatten, aktiv durch Handlung oder passiv durch Duldung. Er spricht sich selbst schuldig. Und die Schuld, die hinter seinen Worten liegt für alle, die hören können, diese Schuld ist unermeßlich groß, ist ewig. »Wir haben Gottes Sohn getötet«, das liegt in den Worten des Offiziers, und er, der Heide, er erkennt Jesus als den Messias, als den von Gott Gesandten, als den Retter der Welt. »Wir haben den Retter, den Heiland, den Erlöser hingerichtet!«

Und des Römers Worte kommen nicht aus Schreibtischstudium oder philosophischem Erdenken. Unter dem Kreuz sagt er diesen Satz, aus seinem eigenen realen Miterleben des Sterbens Jesu heraus drängt sich ihm dieses Wort auf die Lippen. Vor den Pharisäern und Schriftgelehrten, vor seinen Untergebenen, vor allem Volk ist er der erste, der Jesus als den Christus bekennt nach der Kreuzigung.

Er hat noch nichts gewußt von Auferstehung und Leben über den Tod hinaus, nichts von Osterjubel. In seinem Satz wird die Verzweiflung vorgeherrscht haben, aber – und das ist entscheidend – er spricht die Wahrheit aus. Inmitten all der Lügen, die um den Tod Jesu herum passiert sind, inmitten all der sichtbar gewordenen tödlichen Sünden spricht dieser Offizier die Wahrheit, verschafft ihr Gehör, unterdrückt und verbiegt sie nicht. Und ich glaube, auch wenn er über die möglichen Konsequenzen nachgedacht hätte, die sein Bekenntnis vielleicht nach sich zog, auch dann hätte er diesen Satz wohl ausgesprochen. Denn in seinem Herzen passierte – vorweggenommen – ein Stück von dem, was Paulus später so ausgedrückt hat: »Das Wort vom Kreuz ist für die, die verlorengehen, eine Dummheit; uns aber, die wir gerettet werden, ist es Gottes Kraft. Wir verkündigen Christus als den Gekreuzigten: für Juden ein empörendes Ärgernis, für Heiden eine Dummheit, für die Berufenen aber, Juden wie Heiden, Gottes Kraft und Gottes Weisheit (1. Kor. 1, 18, 23+24).

Zeugen zur Sache: Zwei Jünger

Es war vor ein paar Wochen: Ich saß nachts im Wartesaal eines Bahnhofs, irgendwo im Ruhrgebiet, und hatte eine Stunde Aufenthalt. Ich hatte ein Konzert gegeben und war auf dem Weg nach Hause. Beim Nachtkellner hatte ich ein Glas Tee bestellt und aus meinem Koffer ein Buch geholt. Es waren nur ein paar Leute außer mir zu dieser späten Stunde hier im Wartesaal, und die meisten schliefen mit verschränkten Armen und darauf gebettetem Kopf an den Tischen. Nur an einem kleinen Tisch ganz in meiner Nähe war ein lautes Gespräch im Gange. Mit einem Ohr hörte ich zu.

Dort saßen drei ziemlich junge Mädchen, vielleicht 18 oder 19 Jahre alt. Sie hatten kein Gepäck bei sich, und im Laufe ihrer Unterhaltung bekam ich mit, daß sie hier in der Stadt ein Rockkonzert besucht hatten und nun auf den Nahverkehrszug warteten, um in ihren Wohnort zu fahren.

Sie sprachen über das Konzert einer bekannten Rockgruppe, von dem sie gerade eben kamen, und man merkte schnell, daß die drei sehr enttäuscht waren von dem, was sie gesehen und erlebt hatten. Da fielen Worte wie: »Alles nur Show« oder: »Kommerztrip«, eine von ihnen sagte aufgeregt: »Das ist doch nur Mache mit dem Revolutionären und der Gesellschaftsveränderung bei denen, wenn die solche Eintrittspreise kassieren, dann glaub' ich kein Wort von ihrer Botschaft.«

Ich ging zu ihnen hinüber und sagte, daß mich das interessieren würde, ihre Meinung zu der Gruppe und dem Konzert. Und dann erzählten sie: Wie genau sie die Artikel gelesen und ausgeschnitten hätten über diese Gruppe, und daß sie sich gemeinsam alle Platten von ihnen gekauft hätten, und immer hätten sie das Gefühl gehabt, diese Band sei anders als andere Bands, ehrlicher. Sie hatten den Eindruck, die Jungs stünden zu dem, was sie sangen und spielten.

Aber heute abend sei ihnen klargeworden, daß das alles nur Geschäft sei. Eine Riesenshow mit Nebelwerfern, Laserkanonen und kreisenden Superspots in der ganzen Halle, und die Leute auf der Bühne wahnsinnig arrogant, richtig auf einem Ego-Trip. Und dann seien in der Pause auch noch zu Irrsinnspreisen alle möglichen Sachen verkauft worden, Poster und T-Shirts und Mützen und Anstecker usw., vollbedruckt mit Revolutionssprüchen. Das sei doch ein echter Widerspruch, solche Sätze von Gesellschaftsveränderung und dann die Geschäftemacherei.

Während die drei Mädchen so redeten und ihre ganze Frustration rausließen, fiel mir ein, daß eine ähnliche Situation einmal im Neuen Testament beschrieben wird. Auch da gab es Menschen, denen alle Träume eingestürzt waren, die große Gefühle und Hoffnungen in eine Person investiert hatten und dann, enttäuscht und verstört, nach Hause liefen. Ich fragte die drei Mädchen, ob diese Geschichte sie interessieren würde, und dann erzählte ich ihnen von den beiden Jüngern Jesu, die auf dem Weg von Jerusalem nach Emmaus waren.

Der Bericht über die zwei Personen, von denen ich erzählen möchte, steht im Lukasevangelium, Kapitel 24, Vers 13 bis 35.

Zwei Männer sind unterwegs von Jerusalem nach Emmaus, einem kleinen Dörfchen nordwestlich von der

Hauptstadt, etwa zwölf Kilometer entfernt. Es ist Nachmittag, und während sie so unterwegs sind, schließt sich ihnen ein anderer Wanderer an. Das war wohl nichts Besonderes damals, man ging viel zu Fuß und war ganz froh, wenn man unterwegs andere Leute traf. Zum einen erschien der Weg viel kürzer, wenn man sich unterhalten konnte – und zum anderen war es gut wegen der Räuber und Wegelagerer, die sich nicht so leicht herantrauten, wenn mehrere Leute zusammen waren.

Jetzt waren sie also zu dritt. Die zwei Männer, die von Jerusalem aus zusammen losgegangen waren, kannten sich gut. Das wurde aus ihrem Gespräch deutlich. Und sie waren verbunden durch gemeinsam erlebtes Leid, gerade in den vergangenen Tagen. Der dritte, der dazugestoßene Fremde, fragte sie nach einiger Zeit, über was für betrübliche Dinge sie sich eigentlich unterhielten. Da blieben beide stehen, mitten auf dem Weg. Lukas schreibt: »Sie blieben traurig stehen!«

Sie blieben traurig stehen; es ist oft so, daß Trauer uns zum Stehen bringt. Echte, tiefe, schmerzende Trauer läßt uns anhalten. Sie lähmt die Aktivität, das Handeln. Trauer braucht Platz und Zeit, sie beansprucht unsere Kräfte manchmal so weit, daß man von jemand sagt: »Er ist wie gelähmt vor Trauer!«

So war es wohl auch hier. Das ganze Denken und Reden der beiden Männer kreiste nur um den Grund ihrer Trauer. Und sie sind geradezu verblüfft, daß der Fremde anscheinend nicht Bescheid weiß über das, was sie so tief bedrückt. Und dann erzählen sie: »Weißt du nicht, was mit Jesus passiert ist, dem aus Nazareth? Das war ein Mann, gewaltig. So wie er hatte noch keiner gepredigt; solche Worte sind in Israel noch nicht gehört worden. Der Mann war beglaubigt von Gott, denn seine

Taten waren ungeheuerlich. Er hat geheilt, sogar Tote auferweckt. Hat Tausende mit Essen versorgt, und dabei hatte er nur fünf kleine Brote und zwei Fischlein in der Hand. Und es wurden wirklich Tausende satt. Und einmal haben wir gesehen, wie er übers Wasser gelaufen ist, einfach so, schnurstracks übers Wasser. Und das Unglaublichste: In seiner Gegenwart sind nicht nur äußere Krankheiten geheilt worden, sondern auch schwerwiegende innere Krankheiten: Charakterschwächen, Kriminalität, Asozialität. Wir könnten dir noch vieles erzählen, da würdest du staunen. Unter seinen engsten Freunden waren Zöllner, die sind die Ehrlichkeit in Person geworden. Und eine Frau, deren Lebenswandel schon fast sprichwörtlich schlecht war, ist ihm begegnet, und seitdem ist sie total anders geworden. Wer das nicht selbst erlebt hat, dem muß das wohl unwahrscheinlich vorkommen, aber wir waren dabei, wir haben diese Dinge selbst erlebt!« Und in ihrem Erzählen wird wohl etwas aufgeglänzt sein von ihrer früheren Begeisterung.

Und dann erzählten sie weiter: Von dem Unfaßbaren, was passiert ist in den vergangenen Tagen. Sicher, man wußte schon länger, daß die Führer des Volkes beunruhigt waren über diesen Jesus aus Nazareth. Je mehr Leute ihm folgten, desto schwieriger wurde es für die Pharisäer und Sadduzäer. Denn Jesus sprach über ihre ureigensten Dinge, über den Glauben, über das Gesetz, über Gott. Allerdings in einer Art und Weise, die dem Stil der Schriftgelehrten entgegengesetzt war. Bei Jesus war alles so, daß auch der Ungebildetste alles verstehen konnte. Und er redete so lebendig und brennend, daß eine ganz neue Begeisterung im Volk erwachte. Fischer ließen ihre Netze liegen und Bauern ihren Pflug, um diesen Mann zu hören. Sie kamen mit ihren privatesten

Fragen zu ihm, mit ihren Sorgen und Nöten, sie brachten ihm ihre Kranken, und wenn er predigte, dann saßen sie zu Tausenden da und hörten, hörten, hörten.

Aber es kamen auch mehr und mehr Gebildete, angesehene Theologen oder reiche Leute, die sich ernsthaft für Jesus und seine Lehre interessierten. Auch in deren Urteil vermochte er zu bestehen.

Darum war es nicht erstaunlich, daß sich – allmählich und immer stärker werdend – der Gedanke ausbreitete: »Vielleicht ist er der Messias, der, den uns Moses und die Propheten verheißen haben. Vielleicht bringt er die Freiheit, das Reich Gottes in Israel!« Und aus dem »Vielleicht« wurde bald ein »Er ist der Messias«.

Dann kam der Höhepunkt in der vergangenen Woche: Jesus zog auf einem Esel in Jerusalem ein, ganz wie es der Prophet Sacharja vorausgesagt hatte für den Messias. Das war den Führern des Volkes ein entsetzliches Erlebnis, wie die Menge zusammenlief und am Wegrand stand und dem Mann aus Nazareth zujauchzte. Und darum schlugen sie zu. Einen der engsten Mitarbeiter des Rabbis bestachen sie, und der verriet ihn. Dann haben sie im geheimen über ihn ihr Gericht gehalten und beim römischen Gouverneur das Todesurteil durchgesetzt. »Und vor drei Tagen ist er dann hingerichtet worden wie ein Verbrecher«, sagten die Männer. »Wir waren dabei, und jetzt ist er tot. Alle unsere Hoffnungen sind kaputt; unsere Erwartungen waren alle umsonst. Jesus von Nazareth ist tot und begraben, und wir, wir müssen nach Hause gehen.«

Noch etwas erzählen die beiden Männer dem Fremden: »Ein paar von den Frauen, die zur Gruppe um Jesus herum gehörten, haben heute morgen eine verrückte Sache erzählt. Sie hätten eine Vision gehabt, und Engel hätten ihnen gesagt, daß Jesus von Nazareth lebe, daß er aufgestanden sei vom Tod oder so ähnlich. Aber man weiß ja, wie das ist. Wahrscheinlich eine übersteigerte Phantasie bei den Frauen, leicht hysterisch, und die reden sich dann wer weiß was ein.«

So sprechen die beiden ehemaligen Nachfolger des Jesus von Nazareth zu dem fremden Mann, der mit ihnen wandert, und in ihren Worten spiegelt sich das ganze Ausmaß ihrer persönlichen Tragödie. Da haben sie so fest geglaubt an jenen besonderen Mann, haben ihre Herzen investiert, haben gehofft und erwartet, haben argumentiert und geworben für ihn, und dann – bricht alles zusammen. Nicht nur Jesus ist hingerichtet worden, sondern mit Jesus auch ihre Träume und Wünsche. Er war ihr Idol, und ihr Idol ist gestürzt, zerbrochen, gescheitert. Noch sind sie dabei, diesen Schock zu verarbeiten, zu verdauen, aber innerlich ist ihnen klar: Wir haben uns getäuscht, haben fehlinvestiert, haben auf den Falschen gesetzt.

Und jetzt gehen sie nach Hause und versuchen, einen neuen Anfang zu machen, wieder Boden unter die Füße zu kriegen. Das wird nicht einfach, die anderen im Dorf werden höhnen und sagen: »Na, wir haben's ja gleich gesagt, nicht viel dran an diesem Rabbi aus Nazareth, aber – ihr mußtet ihm ja nachrennen!« Nein, einfach wird das nicht, aber es muß ja weitergehen, und vielleicht stimmt's ja, daß die Zeit alle Wunden heilt.

Jetzt – beginnt der Fremde zu sprechen. Und sein erster Satz ist unglaublich: »O ihr Unklugen mit euren trägen Herzen, die das nicht glauben können, was die Propheten vorausgesagt haben!«

Ja, ist der denn verrückt? Hat er nicht verstanden, daß Jesus von Nazareth tot ist, tot und begraben? Was redet denn der?

Aber der Fremde spricht weiter; spricht mit einer genauen Kenntnis der göttlichen Schriften; er zitiert und erklärt, und nach und nach bekommt alles, was sie ihm eben erzählt haben, ein ganz anderes Gesicht.

»Der Messias mußte das alles leiden, das war seine Sendung, sein Auftrag!« So spricht dieser unbekannte Mann. Und jedes Wort, das er ihnen sagt, jeden Gedanken belegt er aus der Heiligen Schrift. Die beiden sind fassungslos, zuerst über den Fremden, dann, je länger sie zuhören, über sich selbst: Wieso haben wir das selbst nicht gemerkt, was dieser Mann uns da sagt. Es ist ja wahr, das ganze Geschehen der vergangenen Tage ist wirklich buchstäblich vorausgesagt. Dann ist Jesus von Nazareth vielleicht gar nicht gescheitert! Dann ging er letztlich den Weg, den er gehen mußte! Nur wir, wir haben das nicht erkannt! Und sie sprechen zwei Stunden lang miteinander, diese drei Männer, finden einen gemeinsamen Weg hinein in die Offenbarung Gottes, erkennen etwas vom Plan des Schöpfers für diese kranke und gefallene Schöpfung.

Und gewiß haben diese drei auch die große prophetische Schau des Jesaja besprochen, wo Gott über den Messias sagen läßt:

»Fürwahr, er trug unsre Krankheit und lud auf sich unsre Schmerzen. Wir aber hielten ihn für den, der geplagt und von Gott geschlagen und gemartert wäre. Aber er ist um unsrer Missetat willen verwundet und um unsrer Sünde willen zerschlagen. Die Strafe liegt auf ihm, auf daß wir Frieden hätten, und durch seine Wunden sind wir geheilt. Wir gingen alle in die Irre wie Schafe, ein jeder sah auf seinen Weg. Aber der Herr warf unser aller Sünde auf ihn. Als er gemartert ward, litt er doch willig und tat seinen Mund nicht auf wie ein Lamm, das zur Schlachtbank geführt wird; und wie ein Schaf, das verstummt vor seinem Scherer, tat er seinen Mund nicht auf. Er ist aus Angst und Gericht hinweggenommen. Wer aber kann sein Geschick ermessen? Denn er ist aus dem Lande der Lebendigen weggerissen, da er für die Missetat meines Volks geplagt war. Und man gab ihm sein Grab bei Gottlosen und bei Übeltätern, als er gestorben war, wiewohl er niemand Unrecht getan hat und kein Betrug in seinem Munde gewesen ist. So wollte ihn der Herr zerschlagen mit Krankheit.

Wenn er sein Leben zum Schuldopfer gegeben hat, wird er Nachkommen haben und in die Länge leben, und des Herrn Plan wird durch seine Hand gelingen. Weil seine Seele sich abgemüht hat, wird er das Licht schauen und die Fülle haben. Und durch seine Erkenntnis wird er, mein Knecht, der Gerechte, den vielen Gerechtigkeit schaffen; denn er trägt ihre Sünden. Darum will ich ihm die vielen zur Beute geben, und er soll die Starken zum Raube haben, dafür daß er sein Leben in den Tod gegeben hat und den Übeltätern gleichgerechnet ist und er die Sünde der vielen getragen hat und für die Übeltäter gebeten« (Jesaja 53, 4–12).

Nach zwei Stunden gemeinsamen Weges kommen die drei Männer in Emmaus an. Hier will sich der Fremde von ihnen trennen, seinen Weg allein fortsetzen. Komisch, die ganze Zeit haben sie ihn gar nicht gefragt, wer er ist, wohin er geht, wie er heißt. Aber sie haben tiefes Vertrauen gefaßt zu diesem Mann, der so wissend, so lebendig, so ansteckend von der Heiligen Schrift sprechen und erklären kann. Und jetzt möchten sie gern, sehr gern das Gespräch mit ihm fortsetzen. Alle Mattheit und Depression, die auf ihnen lag, als sie in Jerusalem losgingen, ist wie weggewischt. Ihr Herz ist wach geworden, fragend, hungrig.

Sie möchten weitersprechen, weiterhören. Und darum laden sie den Unbekannten ein, ja, sie beginnen zu drängeln und zu nötigen: »Du kannst doch jetzt nicht weitergehen, wir haben noch so viele Fragen. Und außerdem, es wird bald dunkel, weit kommst du heute doch nicht mehr. Bleib doch bei uns, komm mit zum Abendessen, und ein gutes Bett ist auch frei für dich.« Und er läßt sich einladen, nimmt ihr Angebot an, geht mit ihnen in ihr Haus.

Wir wissen nichts über den Empfang zu Hause bei den beiden Heimkehrern, ob ihre Familien erstaunt waren oder entrüstet, ob die Begrüßung herzlich war oder verkrampft. Das alles wird uns nicht berichtet bei Lukas, weil es nicht wesentlich ist. Das Entscheidende aber passiert nun: Sie setzen sich, hungrig vom weiten Weg, zum Abendessen, sie bieten dem Gast als erstem an, und der nimmt von dem Brot, das sie ihm hinhalten, bricht es, spricht ein Dankgebet und reicht ihnen von dem gebrochenen Brot.

Und jetzt, in diesem Moment, jetzt fällt es ihnen wie Schuppen von den Augen: Das ist Jesus! Das ist wahrhaftig Jesus, unser Herr. Er gibt uns das Brot, wie er es oft getan hat. Er sitzt hier mit uns, ist mit uns gewandert, hat uns Gottes Wort erklärt. Er ist lebendig, ist wirklich ganz und gar lebendig. Dann war das doch keine Hysterie bei den Frauen heute morgen, dann stimmt es: Er ist auferstanden, wie er es prophezeit hat. Jesus lebt.

Das muß ein wundervoller Moment gewesen sein, unbeschreiblich und voll Jubel, als diese beiden Jünger ihren Herrn erkannten.

In Vers 31 heißt es ganz deutlich: »Ihnen wurden die Augen geöffnet«, so wie es einige Verse vorher geheißen hat: »Ihnen waren die Augen verdunkelt, daß sie ihn nicht erkannten!«

Hier liegt eines der tiefen und schweren Geheimnisse des Evangeliums: Wem die Augen nicht von Jesus Christus selbst geöffnet werden, der kann nichts erkennen von den Tatsachen des Glaubens. Bei aller Anstrengung, aller intellektuellen Redlichkeit, allem Studium und allem Forschen – nur Gott selbst kann wirkliche Erkenntnis schenken.

Das Wort »Erkenntnis« selbst weist auf eine Dimension hin, die sehr viel tiefer ist als zum Beispiel das Wort »Wissen« oder »Sehen«. Erkennen, das bedeutet im AT – bei Adam und Eva zum Beispiel –, daß zwei Menschen sich miteinander vereinigen. »Adam erkannte seine Frau«, lesen wir im ersten Buch Mose, und das bedeutet an dieser Stelle nicht, daß er sagt: »Ach, hallo, du bist wohl die Eva!«, sondern daß er dieses Geschöpf Gottes, ganz und gar als seine Frau annahm und akzeptierte.

Wenn es hier bei den beiden Emmausjüngern heißt: »Ihnen wurden die Augen geöffnet, daß sie ihn erkannten!«, dann bedeutet das über das äußere Erkennen hinaus noch etwas Wichtigeres: Sie erkannten ihn als den Auferstandenen, als den Gottessohn, den Erlöser und Retter. Sie erkannten wohl auch ihre eigene Beschränktheit, weil sie ihn nur als Sympathisanten, als – salopp ausgedrückt – Fans gesehen hatten. Jetzt sahen sie ihn wirklich, weil Gott ihnen die Augen auftat.

Wie tröstlich und gut, daß uns im 1. Timotheusbrief gesagt ist: »Gott, unser Heiland, will, daß allen Menschen geholfen werde und sie zur Erkenntnis der Wahrheit kommen!« Aber auch eine Mahnung liegt in diesem Wort: Bilde sich bloß niemand ein, daß er von den Höhen seines Verstandes oder von der Intensität seines

Gefühlslebens her zur Erkenntnis der Wahrheit, zur Erkenntnis Jesu Christi gelangen kann. Gott will es, darum kann und darf es geschehen. Gott öffnet die Augen, darum können wir Christus erkennen. Darum ist unsere Haltung vor Gott viel entscheidender als unser Wissen, unser Fühlen, unser Denken. Ein Freund von mir betet oft: »Herr, schenke mir echte Beugung vor dir!« Ich glaube, das ist der entscheidende Unterschied: Wer gebeugt, gedemütigt ist vor Gott, dem geschieht – Erkenntnis.

Und wer Jesus wirklich erkennt, der kann jubeln, danken, singen, der kann wirklich leben.

Wie ging es nun weiter mit den beiden Männern in Emmaus?

»Da wurden ihre Augen geöffnet, und sie erkannten ihn. Und er verschwand vor ihnen. Da sprachen sie untereinander: Brannte nicht unser Herz in uns, da er mit uns redete auf dem Wege, als er uns die Schrift öffnete? Und sie standen auf zu derselben Stunde, kehrten wieder nach Jerusalem und fanden die elf versammelt und die bei ihnen waren, welche sprachen: Der Herr ist wahrhaftig auferstanden und Simon erschienen. Und sie erzählten ihnen, was auf dem Wege geschehen war und wie er von ihnen erkannt wäre, als er das Brot brach« (Luk. 24, 31–35).

Das ist eine Reaktion! Zwölf Kilometer Fußmarsch haben die beiden hinter sich, inzwischen ist es Nacht geworden, und richtig gegessen haben sie auch noch nicht. Und nun heißt es: »Sie standen auf in derselben Stunde, liefen zurück nach Jerusalem und berichteten den anderen!« Also noch einmal zwölf Kilometer Weg, in der Dunkelheit. Hier kann man es wirklich sagen, daß diese beiden von Jesus Christus in Bewegung gesetzt worden sind. Das passiert immer, wenn ein Mensch den Auferstandenen erkannt hat: Er will und muß das weitersagen. Und weil die Begegnung mit Jesus Christus einen Menschen in seinem Herzen zu ändern vermag, darum können Schüchterne plötzlich reden, Depressive können Freude verbreiten, Bequeme in Aktion kommen. So war es hier bei diesen beiden Jüngern, so passiert es bis heute überall da, wo lebendige Begegnung mit Jesus, dem Herrn und Erlöser passiert. Und bis heute hat sich die Botschaft nicht verändert: »Der Herr ist auferstanden! Ja, er ist wahrhaftig auferstanden!« Amen!

Lesenswerte TELOS-Taschenbücher

Best.-Nr. 70092
Friedrich Hauss
Biblische Gestalten
296 Seiten.
Sie lernen die wichtigsten Gestalten der Bibel (rund 200) kennen. Der Autor gibt uns einen kurzen Überblick über ihr Leben und ihre Taten und stellt dann alle Schriftstellen, die von ihnen sprechen, zusammen.

Best.-Nr. 70217
Siegfried Schlieter
Absprung ins Morgengrauen
156 Seiten.
Eine Fliegererzählung aus dem letzten Krieg. Mit der Ju 88 flog der Tod. Wie dieser Todesflug unterbrochen wurde, erzählt der Bordfunker der Maschine.

NEU
Best.-Nr. 70315
Rolf Scheffbuch
Paulus, der große Kleine
96 Seiten.
Eine lebendige Darstellung des Mannes, der durch sein Damaskus-Erlebnis zur vielleicht profiliertesten Gestalt der christlichen Kirche wurde. »Bei Paulus können wir lernen, was wir an Christus haben.«

NEU
Best.-Nr. 70316
De Haan/Bosch
Brot zum Leben
128 Seiten.
Ein Andachtsbuch besonderer Art, das der ganzen Familie und Menschen auf der Suche nach Gott Freude macht.
(Für 120 Tage)

Best.-Nr. 70318
Gien Karssen
Frau, Mensch und Mutter in der Bibel
204 Seiten.
Neu als Taschenbuch.
Die Autorin stellt uns die verschiedensten Frauen aus der Bibel vor. Frauen, die kreativ dachten, ihr Leben aufs Spiel setzten, aber auch Frauen, die sich selbst überschätzten, die ihre Eifersucht nicht bändigten, die nein zu Gott sagten.

Vom Autor dieses Buches liegt auch eine Schallplatte und Musicassette vor

Jan Vering
und Freunde . . . wieder live

Doppel-LP Best.-Nr. 97 616
Doppel-MC Best.-Nr. 94 916

Preis für LP/MC: DM 29,80

Wenn man von Zusammenarbeit der Christen spricht – auf dieser Schallplatte von und mit Jan Vering kommt sie zum Ausdruck.
Das vier Seiten umfassende Doppelalbum ist für jeden Hörer ein eindrucksvolles, musikalisches und geistliches Erlebnis. Die stilistische Bandbreite reicht durch das »und Freunde« von viel Gospel und Spiritual über Pop, Chanson und chorischen Stücken bis zur klassischen Stimme von D. Boysen. Johannes und Hartmut Nitsch, Jürgen Werth, Heike Tittmann und die Aufwind-Sänger und -Instrumentalisten ergänzen mit etlichen solistischen bzw. chorischen Einlagen und Liedern hervorragend Jans eindrucksvolle und dynamische Stimme.
Nahtlos eingebaut, doch als zentrales Ereignis der LP bleibt die Bartimäus-Geschichte, die Jan Vering erzählt. Man spürt, wie er mit dieser Geschichte lebt und es versteht, seine Zuhörer ohne fromm klingende Worte in eine Atmosphäre der Offenheit und des Gebets zu nehmen.
Eine wirklich beeindruckende und dichte Scheibe, die rundum empfohlen werden kann.